Publication du journal LE BORDELAIS

LES IDÉES

DU

PÈRE MATHURIN

(Entretien d'un paysan)

PAR

CH. GILBERT-MARTIN

Prix : 15 centimes

Aux Bureaux du BORDELAIS et du DON QUICHOTTE

7, 9 et 11, rue Cabirol, Bordeaux

ET CHEZ TOUS LES LIBRAIRES

LES IDÉES

DU

PÈRE MATHURIN

*C'est un soir de vendanges. Après la
journée finie, une dizaine de paysans
se sont réunis chez le père Mathurin,
pour causer des prochaines élections.
Le père Mathurin prend la parole :*

Asseyez-vous, mes amis, et causons en
bon voisins.

Nous avons à parler de choses qui nous
intéressent tous. Nous allons voter dans
quelques jours, et il faut que chacun sa-
che bien ce qu'il va faire.

Vous me connaissez tous, mes amis, et
depuis longtemps, parce que je suis né
dans cette commune, il y a 69 ans, que
j'y ai toujours vécu et que j'y ai cultivé le
champ que je tenais de mon père.

Je suis votre ancien en âge. Vous avez
confiance en moi, parce que vous savez
que je gagne honnêtement mon pain, que
je n'ai rien pris à personne et que je ne
fais pas le mal.

Aussi, c'est tantôt l'un, tantôt l'autre
qui m'accoste depuis une semaine pour
me demander mon avis : — Père Mathurin, quel candidat faut-il choisir ? Père
Mathurin, pour qui voterons-nous ?

D'abord, mes amis, vous voterez pour

qui vous voudrez. Vous êtes libres. Chacun son droit.

Et c'est justement parce que les électeurs sont libres que ça me tourne le sang de voir qu'aujourd'hui, d'un bout à l'autre de la France, on veut peser sur leurs choix et les faire voter comme du bétail qu'on mène au bout d'une corde.

Mais ceux-là mêmes qui essayent de vous mettre la courroie autour du cou ont bien soin de vous crier aussi :

— Vous êtes libres.

Pas si bêtes de prétendre le contraire.

Mais ils vous disent :

— Vous êtes libres, c'est pourquoi il faut ue vous fassiez ceci et cela, que vous mettiez ce pied en avant et non pas l'autre, que vous votiez pour un tel, que vous obéissiez au sous-préfet et au garde-champêtre.

Voilà comment ils entendent la liberté.

Ils ne vous prennent pas au collet, mais ils vous marmottent dans le creux de l'oreille :

— Attention, et gare au grain si vous ne marchez pas droit !

Quand je vois ces choses, ça me met hors de mes gonds, et à mon tour je vous dis :

C'est pas le tout qu'on vous raconte que vous êtes libres. C'est à vous d'agir en conséquence. Réfléchissez, faites votre calcul, et ne vous laissez pas mettre le grappin dessus.

Ainsi vous pensez bien, mes amis, que je n'rai pas faire ce que je blâme chez les autres, et que je ne choisirai pas votre candidat, quand ça ne regarde que vous.

Mais si vous me demandez :

— Père Mathurin, pour qui voterez-vous, et quels sont vos motifs de préférer Jean à Pierre, ou Pierre à Jean ?

Si vous me demandez cela, c'est une autre affaire, et je vais vous répondre.

Je vois dans notre circonscription deux candidats en présence. L'un est républicain, l'autre est bonapartiste.

Je me fais cette réflexion qui crève les yeux de tout le monde :

Si tu votes pour le républicain, c'est que tu veux le maintien de la République. Si tu votes pour le bonapartiste, c'est que tu es pour le rétablissement de l'empire.

Voilà la question. Il n'y a pas deux manières de la présenter.

Et c'est après avoir pesé le pour et le contre que chacun de vous doit se décider.

Quant à prétendre que les bonaparti tes ne songent qu'à soutenir le Maréchal, c'est un conte à faire dormir debout. C'est comme si on nous disait que ceux qui sèment de l'orge ne songent qu'à récolter de l'avoine.

Et même il y a un fait qui me frappe. Dans la Chambre qui a été dissoute au 16 mai, il y avait 363 députés républicains, c'est-à-dire plus des deux tiers.

Ils ont vécu pendant quinze mois en bons termes avec le Maréchal, sans lui chercher des puces.

La bisbille est venue après la dissolution, quand la République s'est vue menacée.

Pensez-vous que s'il y avait eu 363 bonapartistes à la Chambre, ils auraient gardé le Maréchal pendant quinze mois, ou seulement pendant quinze semaines ?

S'ils avaient eu une pareille majorité, ils n'auraient eu rien de plus pressé que de faire la place nette à leur petit prince et de changer le gouvernement. Ça saute aux yeux.

Vous voyez bien que c'est une menterie de prétendre que les bonapartistes sont les amis du Maréchal. Ils le soutiendront tant qu'ils croiront avoir besoin de lui, voilà la vérité.

Nous disions donc que c'est à choisir entre l'empire et la République.

Maintenant que la chose est entendue, laissez-moi vous faire une remarque.

Il ne s'agit pas de dire : — J'aimerais mieux l'empire, ou : J'aimerais mieux la République.

C'est très bien d'avoir une préférence, mais il faut voir ce qu'il y a derrière elle.

Ce n'est pas avec des préférences qu'on fait les affaires du pays. C'est avec de bonnes raisons, du sang-froid et de la droiture.

Et quand on arrive à reconnaître qu'en suivant sa préférence on n'aboutirait à rien de bon, c'est le devoir de tout honnête homme et de tout homme qui aime son pays de sacrifier sa préférence.

Une supposition :

Je suis dans ma carriole et je vois deux chemins. On me demande : — Lequel aimes-tu mieux ? Tu es libre de choisir.

Je réponds : — Je préfère celui de droite

— Et pourquoi le préfères-tu ?

— Parce que c'est un chemin où j'ai souvent passé. Je connais les arbres qui sont au bord. Je les compterais les yeux fermés. Je sais qu'au bout d'une petite lieue il y a un tournant, puis une montée où je mets Cocotte au pas. Après, je trouve la maison du compère Gaspard. Je m'arrête, histoire d'échanger une poignée de main et de trinquer. Ensuite je donne un coup de fouet, je repars au trot, et dans moins de dix minutes j'arrive à la vigne d'Antoine, qui est à sa troisième pousse. Je vois les progrès qu'elle a faits depuis ma dernière tournée. Je me dis : Voilà qui est planté en bonne terre, avec un bon guéret à chaque pied ; ça donnera quatre charges de vendange dès l'an prochain. Un peu plus loin, je traverse un village, où tous les gens sont de ma connaissance. C'est à qui m'arrêtera au passage : — Bonjour, père Mathurin. Entrez donc boire un coup, père Mathurin. Tout ça me fait paraître le trajet plus court, et rrive au bout de mon voyage sans m'en apercevoir.

Voilà pourquoi j'aime mieux le chemin de droite.

Tandis que celui de gauche, il est peut-être meilleur, mais je n'ai pas l'habitude d'y passer. Et l'habitude, c'est une chose dont on ne se débarrasse pas facilement.

Très bien. Mais si on me répondait :

— Ah ! père Mathurin, fais attention avant de t'engager de ce côté. Depuis ton dernier voyage, il y a eu du changement. Les arbres qui te donnaient de l'ombre ont été abattus pour faire des madriers Le compère Gaspard est mort, et sa maison a pris feu. Les gens du village ne sont plus tous au logis, et ceux qui restent ne prendront plus un air joyeux pour te souhaiter la bienvenue. Les jeunes sont morts dans la dernière guerre qui nous a coûté cinq milliards et deux provinces ; depuis cette époque, les vieux ont perdu le rire ; leurs cheveux sont devenus plus blancs et leurs dos plus voûté. Ils sont assis tristement sur leurs seuils, et si tu leur demandes pourquoi ils ont de grosses larmes sur leurs joues, ils te répondront : C'est que nos fils sont partis, bien loin, pendant un cruel hiver, et ils ne sont pas revenus, et nous n'avons même pas eu leurs pauvres os pour les mettre en terre sainte sous une croix. Depuis cette époque, la joie n'est plus sous nos toits, et nous restons des heures à pleurer en regardant la route par où ils se sont en allés.

Et si on ajoutait :

—Père Mathurin, la vigne qui avait de si belles pousses a été ravagée par la maladie ; ça te fendra le cœur de voir comme les feuilles sont jaunies et comme les branches traînent à terre. En outre, le sol de la route est défoncé, rempli de pierres et d'ornières. Ta carriole s'embourbera et tu chavireras dans le fossé.

Si on me faisait entrevoir ça, je dirais :

— J'aimais pourtant bien ce chemin ; mais je me fais une raison et je prends l'autre.

Et si on m'assurait que je m'habituerais à cet autre au bout de quelque temps ; que j'y trouverais des arbres plus touffus, des vignes plus vigoureuses, des maisons plus accueillantes, — si on m'assurait cela, mon regret serait adouci, et, petit à petit, je n'y songerais plus.

Voilà pourquoi je répète, mes amis, qu'il ne faut pas seulement écouter ses préférences et qu'il faut raisonner son choix.

Voyons les choses comme elles sont. La République existe. C'est déjà beaucoup.

Ce qui est fait n'est pas à faire.

Un changement de gouvernement n'a pas lieu sans révolution ; et nous autres, gens de la campagne, nous n'aimons pas les révolutions.

Si l'empire essayait de reprendre la place, ça ne se passerait pas comme ça à la bonne franquette.

Les autres partis ne lui diraient pas : Donnez-vous donc la peine de vous asseoir.

La République ne plierait pas tranquillement bagage pour lui céder la maison.

Les royalistes, les uns avec leur drapeau blanc, les autres avec leur drapeau tricolore, ne jetteraient pas leur roi par dessus bord pour faire la révérence à un Napoléon.

Les royalistes s'entendent pour le quart d'heure avec les bonapartistes, parce qu'il s'agit d'abord de s'unir pour déloger les républicains.

Mais des alliances comme celles-là, ça ne dure que tant qu'il y a un ennemi commun à combattre.

Quand les alliés sont maîtres de la place, ils se montrent les dents et commencent à se manger.

C'est comme dans une fable que j'ai lue, où deux chiens tombent sur un troisième pour lui prendre son os. Ensuite ils se déchirent, parce que chacun veut garder la proie.

Je me dis donc :

— Si l'empire revenait, ça n'aurait lieu qu'au prix d'une nouvelle révolution, d'un grand bouleversement, d'une épouvantable catastrophe.

Les citoyens s'armeraient les uns contre les autres.

Le sang coulerait en rivières dans les villes et les campagnes.

Le commerce serait arrêté.

Nous ne trouverions plus à vendre nos récoltes.

Et les impôts seraient augmentés, pour fournir aux nouveaux besoins du gouvernement.

Je sais bien que les bonapartistes font courir le bruit que tout marcherait comme sur des roulettes et que les impôts seraient diminués.

Mais il ne suffit pas de dire les choses pour qu'elles soient vraies.

L'évidence vaut mieux que toutes les paroles.

On aura beau me retourner de toutes les façons pour me persuader, que 2 et 2 font 3, ça ne prendra pas sur moi.

L'important est de ne pas se laisser entortiller par de beaux discours et de ne jamais perdre de vue le bon sens.

Or le bon sens me démontre que le renversement de la République ne peut pas avoir lieu sans révolution, sans guerre civile et sans préjudice pour les affaires.

Le bon sens me démontre en outre que le gouvernement, obligé d'augmenter ses dépenses pour soutenir la crise, sera par conséquent obligé d'augmenter les impôts pour n'être pas sans le sou.

Et nous autres, mes amis, nous ne voulons ni guerre civile, ni désastres dans le commerce, ni augmentation d'impôts.

Le meilleur gouvernement est celui qui nous met à l'abri de tous ces malheurs.

Et s'il nous est bien démontré que la République est ce gouvernement, la raison, le bon sens, l'intérêt, l'honnêteté et le patriotisme nous commandent de voter pour la République.

Mais je reviens à ce que j'avais commencé.

J'admets qu'au bout de ces désastres et de cette guerre civile, l'empire reste maître de la place.

Bon, c'est entendu.

Que fait-il ?

La réponse est facile, parce que nous l'avons vu autrefois à l'œuvre.

Pour n'être pas inquiété par ceux qui lui portent ombrage, il les envoie en prison, en exil, en déportation.

Et il ne s'agit pas de prétendre le contraire.

Quand même il ne le voudrait pas, il y serait obligé, parce que ce serait le seul moyen d'assurer pour quelque temps sa conservation.

Il l'a fait quand il s'est emparé de la République, en 1851 et 1852, et pourtant il avait dix fois plus de partisans qu'aujourd'hui.

A plus forte raison, il le ferait de nouveau.

Alors vous verriez les gens arrachés par milliers à leurs familles, enfermés dans des cachots, jetés en tas dans des cales de navires pour être transportés à Nouméa.

C'est la pure vérité.

Et la meilleure preuve que je n'invente rien, c'est que beaucoup de bonapartistes ne se cachent pas pour le dire et s'en vantent jusque dans leurs journaux.

Moi-même, mes amis, pour me punir de mon franc-parler, j'irais traîner les derniers jours de ma veillesse sur la terre d'exil. — Bonsoir, père Mathurin, bonsoir pour toujours. Ton crime, c'est d'avoir dit ce que tu pensais et d'avoir eu trop de cœur. Ça t'apprendra, père Mathurin.

Alors, mes amis, en me voyant partir avec des chaînes aux poignets, comme un forçat, peut-être que ceux d'entre vous qui auraient aidé à cette triste chose en garderaient du remords.

Je n'ai pas toujours pensé comme aujourd'hui, mes amis.

Moi aussi j'ai été pour l'empire.

J'ai voté *oui* au plébiscite, en 1852.

Ça ne me satisfaisait pas, dans le fond de ma conscience, de songer que Napoléon avait eu le pouvoir en mitraillant les gens dans les rues et en passant par dessus son serment.

Mais je me disais :

— Maintenant que la chose est faite, le plus sage est encore de l'accepter et de tâcher qu'elle tourne bien pour nous. Napoléon est sur le trône ; il faudrait une autre révolution pour l'en faire sortir ; et en fait de révolution, je trouve que c'est assez pour le quart d'heure. Et puis il affirme que l'empire c'est la paix, voilà une parole qui me va.

Ceux de vous, mes amis, qui ont voté à cette époque, ont fait le même raisonnement que moi.

Malheureusement la suite n'a pas marché comme c'était convenu.

L'empire a eu des guerres, en Crimée, en Italie, en Chine, au Mexique.

Ça me chiffonnait. Mais enfin tant que nous ne perdions que notre sang et notre argent, tant que notre honneur n'était pas compromis et que notre territoire n'était pas diminué, j'étais encore assez coulant.

Je disais :

— Bah ! on ne fait pas toujours ce qu'on veut. Ça ira mieux plus tard.

Et j'ai encore voté *oui* en 1870.

Mais voilà qu'une nouvelle guerre a été déclarée à la Prusse.

Nous avons cru d'abord, les uns et les autres, à commencer par moi, que ça irait comme sur des roulettes, que nos soldats marcheraient tout droit à Berlin et qu'ils n'auraient que quelques coups de fusil à tirer pour mettre l'ennemi en déroute.

Les députés qui avaient été nommés pour soutenir l'empereur et qui avaient voté pour la guerre nous répétaient ça avec tant d'assurance que jamais nous n'aurions osé en douter.

Et puis le gouvernement affirmait que nous étions en force, que toutes les mesu res étaient prises et qu'il ne manquait même pas un bouton de guêtre.

Nous nous sommes tous écriés :

— Allons-y encore pour cette fois, et espérons que ce sera la dernière !

Ah ! bien, oui !

Voilà qu'au lieu d'entrer chez les Prussiens, ce sont les Prussiens qui entrent chez nous.

Le gouvernement disait :

— Ne vous inquiétez pas, nous les attirons pour mieux les repousser.

Mais l'ennemi avançait, avançait toujours.

Autant de batailles, autant de victoires pour lui.

Nos soldats, comprenant dans quel guêpier on les avait fourrés, et se voyant toujours un contre trois, commençaient à se décourager.

Puis les levées se succédèrent sans interruption. Tous les hommes furent pris, jusqu'à 25 ans, jusqu'à 30 ans, jusqu'à 40 ans.

Garçons ou mariés, ça ne faisait qu'un.

Alors j'ai eu comme une vision, j'ai compris la vérité. J'ai vu clairement notre sort. Je me suis arraché les cheveux en criant :

— Ah ! malheur ! malheur ! nous sommes perdus !

Mon fils a été emmené comme les autres, mon pauvre et cher fils ! Il est parti en embrassant sa femme qui criait à fendre l'âme et ses deux petits qui ne comprenaient pas. Il a eu la cuisse emportée par un obus, et il est mort après trois ours de souffrance. Sa femme a pensé e n devenir folle. Les petits ont grandi, et quand on leur demande : Vous souvenez-vous de votre père ? ils secouent la tête et ils répondent : Nous ne nous souvenons pas.

Ah ! guerre de malédiction ! Pardonnez-moi, mes amis, je pleure. Ces choses-là, voyez-vous, c'est dur pour un père. On ne les remue pas sans que le cœur se remette à saigner.

Et toi aussi, Thomas, tu as beau te rencogner dans ton coin, je vois tes mains qui ont l'air d'essuyer quelque chose sur tes joues. Toi aussi, mon vieux, tu avais un gendre qui est resté dans cette boucherie. Ta fille avait avant ce temps une voix comme un rossignol, pour nous charmer dans les veillées. Depuis, personne ne l'a entendu chanter.

Aussi, quand Sedan vint mettre le comble à tout ça, quand l'empereur se fut rendu, après avoir livré notre armée, j'ai éprouvé comme un soulagement en apprenant que le peuple de Paris n'avait eu qu'un cri pour prononcer sa déchéance.

Toutes mes idées dansaient dans ma cervelle.

J'ai pris ma tête à deux mains, je me suis commandé d'être calme, et j'ai réfléchi.

Je me suis dit :

— Mathurin, faut voir les choses comme elles sont. Si l'âge de raison ne t'est pas venu, il ne te viendra jamais. Puisque ça te soulage d'apprendre que l'empire n'existe plus, c'est donc que tu comprends que l'empire est une mauvaise chose et qu'il a causé notre perte. Eh bien ! tiens-toi ça pour dit, tâche d'effacer ce mauvais rêve, et tourne-toi d'un autre côté.

Vous savez aussi bien que moi, mes amis, comment l'affaire s'est terminée.

Napoléon avait livré l'armée de Sedan, Bazaine a livré l'armée de Metz.

Nous n'avions plus que des conscrits à opposer aux troupes prussiennes rompues au métier.

La France s'est encore débattue dans une lutte inégale qui n'était plus qu'une agonie ; elle a fini par céder à la force.

Elle est tombée dans son sang, comme un aigle blessé au cœur.

Cinq milliards de notre argent, deux de nos provinces et cent mille cadavres de nos enfants, ont payé la folie de l'empire.

Et on voudrait aujourd'hui nous faire oublier ça !

On voudrait nous ramener un Napoléon !

Ah ! rien que cette idée me met dans la suffocation !

Non ! l'empire est à jamais séparé de la France, par le sang de nos fils, par les larmes des mères et des femmes, par notre humiliation à tous, par les malédictions de l'Alsace et de la Lorraine, qui sont toujours françaises de cœur, et qui sont devenues prussiennes par la faute de l'empire !

Revenons à un ton plus calme, mes amis. De pareils souvenirs ne peuvent être rappelés de sang-froid ; et il faut bien laisser crier l'indignation qu'on a dans l'âme, sous peine d'étouffer.

Mais s'indigner n'est pas raisonner.

Et, je vous le répète, ce que nous avons à faire est un acte de raison.

Que nous enseigne-t-elle, la raison ?

Elle nous enseigne que si l'empire revenait, il ne pourrait pas s'empêcher d'entreprendre une revanche contre les Prussiens, pour se laver de sa déchéance.

C'est une chose dictée à l'avance.

C'est une obligation.

C'est donc encore une guerre que nous promet le retour de l'empire.

Non plus seulement une guerre civile, mais aussi une guerre terrible et implacable avec l'étranger.

Je n'ai plus de fils à donner aux Napoléons.

Mais vous, vous en avez.

Les enfants d'alors sont des hommes aujourd'hui.

Ils sont en âge pour le canon.

Si ça vous plaît, si vous trouvez que la France est lasse de la paix depuis sept ans, votez pour l'empire.

Mais si vous renoncez à l'empire, vous êtes forcés d'accepter la République, et ça vous fait hésiter.

Je comprends ça. J'ai été comme vous. Je ne m'y suis pas adonné du premier coup. J'avais aussi des défiances.

La République, c'est un mot qu'on ne nous a pas appris à aimer dans nos campagnes.

On nous a si souvent répété que les républicains sont des buveurs de sang, des hommes de désordre, des aventuriers, des ennemis de la propriété, — on nous a si souvent répété cela, que nous avons fini par le croire.

Mais je me suis dit :

— Ceux qui nous tiennent ce langage méritent-ils d'être crus sur parole ?

Ont-ils toujours dit la vérité ?

Examinons un peu.

Ce sont les mêmes qui nous ont affirmé que nous étions prêts à entrer en campagne, tandis que nous manquions de tout.

Ce sont les mêmes qui nous avaient juré que l'empire c'était la paix.

S'ils nous ont menti sur certaines choses, ils peuvent donc nous mentir sur d'autres.

Et comme ils tiennent les républicains en haine ils ont intérêt à faire courir de mauvais bruits sur eux.

Si l'un de vous veut acheter une vache et que son voisin en ait également envie, il n'ira pas lui dire : C'est une bonne bête, bien douce et de nourriture facile.

Il ne sera pas si nigaud.

Il lui dira : Elle est ombrageuse, elle dépérit dans l'étable, et son lait fait de mauvais beurre.

Chacun pour soi, c'est la devise.

L'empire a donc ses motifs pour répandre de vilaines histoires sur la République.

C'est à vous de vous faire un jugement en examinant les faits avec soin.

Presque tous nos malheurs nous sont venus de ce que nous gobions, les yeux fermés, tout ce qu'on nous présentait.

Pour lors je me fais ce calcul :

— Nos affaires ont repris leur petit bonhomme de chemin depuis que nous sommes en République. Ça allait cahin caha dans le commencement, parce que nous sortions de la crise ; puis ça marchait de mieux en mieux. La sécurité revenait; le commerce reprenait son train-train.

C'est donc une preuve que la République n'est pas nuisible.

D'un autre côté, je vois que nous avons eu, comme toujours, pendant ces sept ans, des tribunaux pour juger les procès, des gendarmes pour arrêter les voleurs et les assassins, des agents-voyers pour entretenir les routes, des maires et des adjoints pour administrer les communes, — en un mot, tout ce qui est nécessaire pour conserver l'ordre et le bien-être.

C'est donc une preuve que la République ne recherche pas le désordre.

Quant à prétendre que les républicains sont ennemis de la propriété, c'est une bourde tellement grosse, qu'il faut qu'on croie les paysans bien bêtes pour vouloir leur faire avaler ça.

Mais il y avait à la dernière Chambre 363 députés républicains. Ce ne sont pas des gens sans avoir.

Bien au contraire, presque tous sont de gros propriétaires.

Notre candidat républicain est un propriétaire. Il a des enfants à qui il veut laisser son bien, et il tâche d'augmenter son magot pour leur donner une meilleure position.

M. Jules, M. Albert, M. Edouard et tant d'autres de nos voisins qui votent pour la Républiqu   propriétaires.

Et c'est co   ça part   dans toutes les comm

Et on voudrait nous faire accroire que tous ces gens qui ont des vignes, des champs, des maisons, du bien au soleil, demanderaient la République si elle devait les dépouiller ?

Allons donc ! On se moque de nous, mes amis.

Et, vous savez, le paysan n'est pas plus sot que les messieurs de la ville. Il est bon garçon, il est accueillant ; mais quand il s'aperçoit qu'on se moque de lui, ça le change du tout au tout.

Après avoir songé à ces choses, je me suis encore dit :

— Mathurin, puisque ceux qui parlent en mal de la République écoutent, non pas la vérité, mais leur intérêt ;

Puisque la République aime l'ordre, la paix, le travail et la propriété ;

Puisqu'elle est soutenue par des hommes que tu sais braves, riches et honnêtes ;

Pourquoi irais-tu changer ce que tu as, et t'exposer encore au trouble, à la révolution et à la guerre ?

Si tu faisais ça, Mathurin, ça ne t'aurait servi à rien de passer soixante-neuf ans sur la terre pour apprendre à être raisonnable ; tu serais un nigaud et tu t'en mordrais les doigts.

Dès ce moment, mon idée a été faite.

D'autant plus que j'ai entendu bien des gens qui en savent plus long que moi, et qui pensent tout comme moi, et qui disent :

— Ma foi, je n'étais pas pour la République ; mais maintenant c'est elle que je veux, parce que je ne vois pas le moyen de mettre autre chose à la place, sans tomber dans le gâchis, dans la révolution et dans le sang.

Il y avait un homme de grand génie, de grand cœur et de grande expérience qui tenait ce raisonnement.

C'était M. Thiers.

Il voyait les choses comme elles étaient. Il s'était opposé de toutes ses forces à la déclaration de guerre, parce qu'il savait bien, lui, que nous n'étions pas prêts.

Ça ne lui a servi qu'à être agonisé d'injures par les bonapartistes, qui ont voulu *mordicus* nous envoyer à notre perte.

Et après qu'il a eu réparé le mal en partie, les ennemis de la République lui ont jeté de la boue jusque sur son cercueil.

Hé bien ! ce glorieux citoyen, qui lisait si clairement dans l'avenir, et qui était si dévoué à son pays, avait fini par comprendre, après avoir été monarchiste pendant toute sa vie, que la République était devenue le seul gouvernement possible, et il avait consacré les dernières années de sa vieillesse à la faire triompher.

Il avait mis la raison au-dessus de ses préférences.

Quand on se rencontre avec un pareil exemple, on peut se dire qu'on ne calcule pas comme un étourneau.

Et puis, mes amis, il y a encore une chose qui me tracasse.

Une chose d'une grande importance :

Les curés sont avec les ennemis de la République ;

Et les ennemis de la République sont avec les curés.

Il n'y a pas à dire non, c'est comme ça.

Les uns en conviennent, les autres ne veulent pas l'avouer.

Mais les faits en disent plus que les paroles.

Quand le ministère républicain a été renvoyé, le 16 mai, on a essayé de nous persuader que c'était pour ceci ou pour cela.

On avait besoin de prétextes pour cacher le fin mot de l'affaire.

Mais la vérité a passé à travers les joints.

Nous savons que le ministère républicain a été démoli à cause des évêques qui ne peuvent pas souffrir la République, et qui ont tant fait des pieds et des mains que Jules Simon et ses collègues ont été obligés de déménager parce qu'ils n'étaient pas cléricaux.

Or, mes amis, nous voulons bien les évêques dans les processions et les curés dans les églises ;

Mais nous ne les voulons pas chez nous, dans nos affaires, dans la politique de notre pays.

Et soyez sûrs que si la République a le dessous, ils auront le dessus.

Les bonapartistes ont beau protester qu'ils ne sont pas cléricaux, ça ne prouve rien. Ils seront cléricaux malgré eux, comme ils feront des proscriptions malgré eux, comme ils recommenceront la guerre malgré eux.

C'est une chose forcée.

Déjà je vois que le gouvernement recommande tout en bloc les impérialistes et les royalistes, les partisans de Napoléon et les partisans d'Henri V.

Ça me paraît louche et je n'aime pas ce mélange.

Mais ce n'est pas tout. Les évêques et les curés s'en mêlent aussi. Ils mettent la main à la pâte.

Ils font de la propagande pour les élections, comme si ça les regardait.

Ils recommandent des listes de candidats, comme si ça faisait partie de leur bréviaire.

Et qu'est-ce que je vois !

Je vois que leurs listes sont les mêmes que celles du gouvernement et que les hommes de l'empire y font figure à côté des hommes du drapeau blanc.

— Père Mathurin, que je me dis, on ne te sortira pas de la tête qu'il y a quelque manigance là-dessous. Défie-toi de ce qui est patronné par les curés.

Ah ! vous vous imaginez que si l'empire revenait il ne serait pas clérical !

Il serait clérical, parce qu'ayant à se défendre contre les républicains, il serait obligé de faire alliance avec les curés, sous peine de n'avoir que des ennemis.

C'est clair, cela.

Si, ayant déjà contre lui les républicains, il commettait l'imprudence de mécontenter les curés, il ne tiendrait pas debout pendant trois semaines.

L'empire verrait bien que son seul moyen d'être en force contre ses ennemis, ce serait de demander l'appui des hommes d'église.

Et ces marchés-là, voyez-vous, ça ne se fait pas comme des cadeaux sans conséquence.

Chacun veut y trouver son compte.

Donnant, donnant.

Je t'accorde ceci, à condition que tu m'accorderas cela.

Les curés diront à l'empire : — Nous mettons tel prix à notre alliance. C'est à prendre ou à laisser.

Et l'empire aurait beau répondre que c'est trop cher, il finirait par toper.

Alors, mes amis, vous m'en diriez des nouvelles et vous verriez arriver dans vos affaires de ménage des gens que vous n'auriez pas appelés.

Voilà le fin mot de la chose. Et la meilleure preuve que les bonapartistes deviendront cléricaux par intérêt, c'est qu'ils ont applaudi au 16 mai qui a été fait pour les curés.

Ils y ont applaudi, parce qu'ils y trouvaient leur avantage en même temps que les curés.

Vous voyez bien que ça se passe exactement comme je vous ai dit.

Et encore aujourd'hui les candidats bonapartistes consentent à être sur des listes patronnées par les curés, parce qu'ils y trouvent aussi leur avantage, et que leur avantage passe par-dessus tout.

Mais ce n'est pas seulement nous qui serions mécontentés de pareilles choses. Les pays étrangers n'y trouveraient pas non plus leur amusement.

Déjà, après le 16 mai, l'Italie avait commencé à faire la grimace. Mais elle a compris que ça ne serait qu'une affaire passagère et qu'après les élections tout rentrerait en place parce que les républicains seraient les plus nombreux.

Tandis que si l'empire revenait, la première chose que les cléricaux lui demanderaient, pour prix de leur appui, ça serait de rétablir le pape dans le temporel, et aussitôt l'Italie prendrait les armes contre nous. C'est-à-dire que nous aurions une guerre de plus sur les bras.

Je me résume donc.

Je vois que la République me promet la paix, l'ordre, le travail et la sécurité.

Je vois que l'empire me réserve la guerre civile, les proscriptions, la guerre contre l'Allemagne, la guerre contre l'Italie et l'influence des curés.

Mon choix est fait.

Encore une fois, mes amis, chacun est libre. Vous voterez pour qui vous voudrez.

Moi je voterai pour le candidat républicain.

Bordeaux. — Imprimerie Nouvelle A. Bellier